「봄꽃 피어나는 집」, 박지윤, 2021

봄이
사뿐사뿐

북보니 계절 산문 시리즈 02

봄이
사뿐사뿐

박지윤 산문집

북보니

차례

✿ 봄다운 봄

봄사람　　　　　　　　　　15

희망 관찰　　　　　　　　16

꽃 보고서　　　　　　　　18

봄나물　　　　　　　　　　25

✿ 꿈결은 꽃잎 색

젊은 날엔 젊음을 모르고　　36

응답하라 1993　　　　　　41

제철 상상　　　　　　　　63

시테 섬의 한낮은 달콤한 동화　70

✽ 동그란 봄을 찾아서

우습고 귀여운 구석들의 세상　　　　　　83

기분 파동　　　　　　92

네덜란드에서 동네 한 바퀴　　　　　　98

봄이 사뿐사뿐　　　　　　110

✽ 작가의 말　　123

✽ 부록

봄다운 봄

봄사람

 눈사람에서 봄사람으로 태어나는 날. 좋아하는 눈으로 뭉친 천진한 마음은 이제 녹을 걱정과 녹는 슬픔 없는 꽃바람이 되고, 어쩐지 욕심나는 것들은 전부 누려야 할 것만 같다.

희망 관찰

 봄이라는 이유로 하루가 날마다 다르게 꿈틀거린다. 무언가 돋아나려는 걸까? 이 봄, 나의 새순은 무슨 빛을 띠며 나오려나. 파생하는 모든 희망을 매일 관찰한다.

*

 나는 여전히 의심보다 믿음에 더 기울어 그래. 정말 고귀한 일은 남모르게 조용히 일어난다는 사실을 즐겁게 느끼고 싶어서 그래. 봄에 움트는 느낌들은 머지않아 만져볼 수도 있는 희망이라서 그래.

한 계절이 오고 가는 동안 아무것도 믿지 못하는 사람. 믿지 못해서 아무것도 느끼지 못하는 사람. 터무니없는 상상이나 자그마한 핑계에 기대어 자신을 속일 줄도 모르는 사람. 자기 안의 빈터를 쓸쓸히 맴도는 사람. 그 썰렁한 터에서 언젠가 사라져버린, 혹은 한 번도 본 적 없는 모습을 보려 애쓰는 사람. 그러는 동안 잃어버린 것을 아직 되찾지 못한 사람. 그 모두에게, 기어이 오겠다는 봄이다.

시끄러운 세상에도 어김없이 봄은 태연하게 오고야 만다. 구석구석 저마다의 허전한 광장에까지 찾아와 돌봐야지 안심하는 봄이다. 그 애틋한 움직임을 바라보며 나는 오늘도 속삭인다.

봄도 우리만큼 애쓰고 있어.

꽃 보고서
- 꽃들을 위한 시 묶음

꽃은

작은 나비

발그레한 볼

갓 태어난 아기

고결하고 성숙한 사랑

겹겹이 쌓인 행복

숲길의 반딧불

떨어져도

아름다운

꽃나무들은

꽃이 피는 줄 가장 먼저 알면서
한 마디 자랑도 하지 않는다

숨 쉬는 생명이 다인 걸
섬세한 감각을 느낄 뿐인 걸
제 안에 피어나려는 힘밖에 모르다가
또 머지않아 지는 일에만 마음 쏟는 걸

이웃 꽃나무의 실상에 안달하던가
어느 누구의 속사정에 기웃대던가

소리 내지 않고 소리를 내거나
드러내지 않고 드러내거나
변하지 않으면서 계속 변해가는
그 비법은

겸손 아닌 존중
오로지 자신에게 향하는 사랑이다

소설에 봄꽃이 피었다는 소식

첫눈 대신 봄꽃이 온 겨울날
빼꼼 내민 어리둥절한 얼굴에
으이그 순진하다는 말을
붙였다 떼었다 붙였다 떼었다
너무 쉽게 착각한 걸까
속기 쉬운 세상인 걸까
모르는 척 괜스레
멀리 서서 물음만

꽃 되어 살아가는 봄

꽃 피면 오는 봄
꽃 지면 어디로 가려나

꽃 피면 봄
꽃 지면

여름꽃!

봄은 여름꽃에 살겠지
거기 숨어 있겠지
봄꽃 되어 피기까지

그러니 꽃 피면 오는 봄 아니고
꽃에서 피어나는 봄
꽃 되어 살아가는 봄

목련 앞에서

벚꽃은 예뻤고
목련은 사랑에 가까웠다

목련 앞에서는 무심코 벚꽃도 떠올렸지만
벚꽃 앞에서는 오직 벚꽃만을 바라봤으니

아직 벚꽃이 오지 않았을 때
여기 목련만이 나와 있을 때

깨닫고 말았지
말하고 싶었지

올해도 벚꽃은 예쁘겠지만
목련 너는 여전히 사랑이라고

꽃으로 누린 봄날의 기쁨들.
이맘때의 기억은 늘 예쁜 모양으로 피어있겠다!

봄나물

 봄에 꽃향기만큼 기분 좋은 것은? 봄나물 요리!
 냉이된장국, 참나물무침, 달래전과 달래장... 올 때가 되어 다시 찾아왔다고 말하는 듯, 귀여운 봄 친구들이 식탁 위에 쪼르르 나와 있다. 오랜만에 등장한 산뜻한 반찬들을 보자 기분이 새롭다.
 냉이된장국부터 한 숟갈 떠먹는다. 구수한 된장과 완벽하게 어우러진 냉이의 향이 목구멍까지 퍼진다. 먹자마자 "완전 봄이다!"라는 소리가 저절로 나온다. 바로 한 숟갈 더 먹는다. 식사를 할 때 나는 대체로 국부터 맛보고 밥을 뜨는 편이다. 국물 한입을 딱 먹었을 때 맛이 좋으면 왠지 다른 반찬도 다 맛있을 것만 같은 예감이 든다. 사람의 첫인상이 중요하듯 음식도 첫맛이 중요하다. 국 한 숟갈에 만족스러우면 그 식사는 이미 행복이다.

"엄마, 이거 레시피가 어떻게 돼?"
 두부와 냉이를 듬뿍 넣고 끓인 엄마표 냉이된장국에 제대로 입맛이 돋아버린 나는 급기야 만드는 법까지 알아내고 싶어진다. 이럴 때 엄마는 꼭 이렇게 답한다.
"이거? 쉬워!"
 그냥 이거 조금 넣고 저거 조금 넣으면 된다는 엄마의 최고 쉬운 요리법. 듣고 나면 나도 금방 만들 수 있겠다는 자신감이 생기지만, 참 희한하게도 막상 그 맛을 똑같이 내기는 어렵다. 다시다도 안 쓰는 엄마의 최종 비결은 아무래도 손맛일 터. 나는 엄마의 요리 앞에서 손맛도 재능이라는 생각을 한다. 또 한편으로 손맛은 조금씩 익어가면서 제대로 발휘되는 노력의 영역에 있는지도 모른다는 기대도 살짝 해본다.

우리 가족은 봄나물 비빔밥을 먹어도 먹는 스타일이 제각각 다르다. 주로 나는 참기름과 간장을 넣어 고소하게, 엄마는 무생채무침이나 고추장을 곁들여 매콤하게 만들고, 아빠는 어떻게 먹든 꼭 좋아하는 들기름을 두른다.
 "어렸을 때 가마솥에다 들기름으로 볶아 먹었던 깍두기 맛을 아직도 잊을 수 없어. 얼마나 맛있는데!"
 아빠는 유년 시절 서울로 이사하기 전에 시골에서 맛본 들기름 요리를 그리워한다. 나는 아빠의 그 이야기를 들을 때마다 상상한다. 저녁 무렵 마당에서 가마솥에 볶아지는 들기름과 깍두기의 구수하고 달콤한 향, 그리고 윤기가 자르르한 비주얼을!

 식사를 같이 하면서 부모님이 잊지 못하는 어떤 맛에 대해 얘기를 나눌 때면, 나는 먹어본 적도 없는데 그리운 듯 군침을 삼킨다. 엄마가 어렸을 때 할아버지를 따라 잔칫집에 가서 맛보았던 잡채, 20대 때 먹고 지금도 생각난다는 짬뽕(아빠는 짜장면)... 왜 지금은 옛날 그 맛을 찾기가 어려운지 모르겠다며 아빠는 아마도 시중에 생산되는 조미료의 맛이 달라져서 그럴 수 있다고 추측한다. 정말 그럴 듯하다.

 이런저런 추억의 맛을 아쉬워하면서 우리는 오늘의 봄나물을 맛있게 비벼 먹는다.

 나는 반숙으로 익힌 계란프라이와 된장찌개(또는 김치찌개)의 조합을 좋아한다. 냉이된장국과 먹어도 환상의 궁합이다. 여기에 봄동으로 만든 겉절이나 참나물무침을 얹어 먹으면 '한국인의 밥상'이 따로 없다.

 가장자리가 바삭하게 구워진 달래전도 먹어 본다. 얼핏 보고 처음에는 부추전인 줄 알았는데 입에 넣으니 확실히 부추와 다르다. 부추보다 식감은 더 좋고, 향은 약간 더 알싸하다. 달래를 쫑쫑 썰어 넣은 달래장(달래양념간장)도 정말 맛있다. 콩나물밥이나 곤드레나물밥에 비벼 먹거나, 달걀지단을 올린 잔치국수 또는 구운두부에 뿌려 먹는 등 만능으로 활용하기 좋은 양념이다. 특히 돌김에 밥을 올리고 달래장을 톡톡 얹어 싸 먹으면 밥 한 그릇은 금방 뚝딱이다.

 "쑥국은 어떤 맛이지?"

봄나물 얘기는 자연스레 쑥으로 이어진다. 봄, 하면 빼놓을 수 없는 쑥. 지금까지 쑥떡, 쑥전, 쑥 카스텔라, 쑥라떼도 먹어 보고 쑥으로 만들었다는 화장품도 써봤는데 쑥국은 한 번도 시도해보지 않았다. 시도라는 표현을 쓰는 이유는, 선뜻 먹고 싶은 마음이 들지 않아서다. 유달리 향이 강하게 느껴지는 쑥이 국물 요리에서는 어떤 맛을 낼지 궁금하기도 하고 조금 두렵기도 하다. 언젠가 쑥버무리를 처음 먹었을 때 느꼈던 쑥의 쓴 맛이 상상된다. 풍겨오는 냄새는 향긋해서 좋으나 씹고 삼키는 동안 입안에 퍼지는 쑥 특유의 그 씁쓰레한 맛... 먹으려면 얼마든지 먹겠지만 쑥이 통째로 들어간 음식은 아직 도전의 영역에 있다.(그래도 이렇게 걱정스러운 음식이 막상 먹어 보면 꽤 괜찮을 수도 있잖아?)

 예전에 시골길을 걷다가 순식간에 들이치는 쑥 냄새에 눈이 번쩍 뜨인 적이 있었다. 향이 얼마나 강렬한지 쑥이 코로 쑥- 들어왔다가 그대로 몸 전체에 쑤욱 퍼져버린 것 같았다. 기분이 즉각 상쾌해졌다. 근처에 쑥이 얼마나 많았을라나. 얼마나 무성했기에 그토록 진한 향기를 내

뿜었나. 아, 그때는 봄만 되면 쑥을 뜯으러 다니는 어르신들이 출동하기 전이었나 보다. 챙이 넓은 모자를 쓰고 비닐봉지나 바구니에 쑥이며 냉이며 봄나물을 모으는 사람들. 쑥 향만큼이나 짙은 봄기운을 입은 이들의 들뜬 모습을 그려본다.

봄나물을 채취하는 광경을 떠올리자 문득 아빠의 습관이 생각난다. 아빠는 산책길에 풀 같은 게 있으면 꼭 손으로 만져본다. 그러고는 조금 뜯어 맛을 보기까지 한다. 아니, 그게 뭔지 알고 먹는 거야! 벌레 있으면 어떡하려고! 엄마와 나의 말에 개의치 않는 표정으로 무슨 잎인지 나지막이 대답하는 아빠는 신기하리만큼 온갖 풀, 나무, 채소의 이름을 다 알고 있는 자연 척척박사다(나로선 그 이름이 맞는지 바로바로 알긴 어려우니 그냥 그렇다고 믿는 편. 찾아보면 거의 다 맞기 때문). 아무튼 아빠랑 산책하면 재미있다니까!

주말에 가까운 산에 가서 가을에는 밤을 줍고, 봄에는 봄나물을 캐자. 겨울에는 가을무로 김치를 담그고, 여름에는 계곡에서 수박을 잘라 먹자!

계절마다 다른 재미를 수확한다. 제철 재료로 요리하고, 온 감각으로 그 향과 맛을 음미한다. 파생되는 추억들을 다시금 맛보면서. 계절의 변화를 알아차리고, 행복을 알아간다. 그렇게 삶의 기쁨을 아주 가까이에서 깨닫는다.

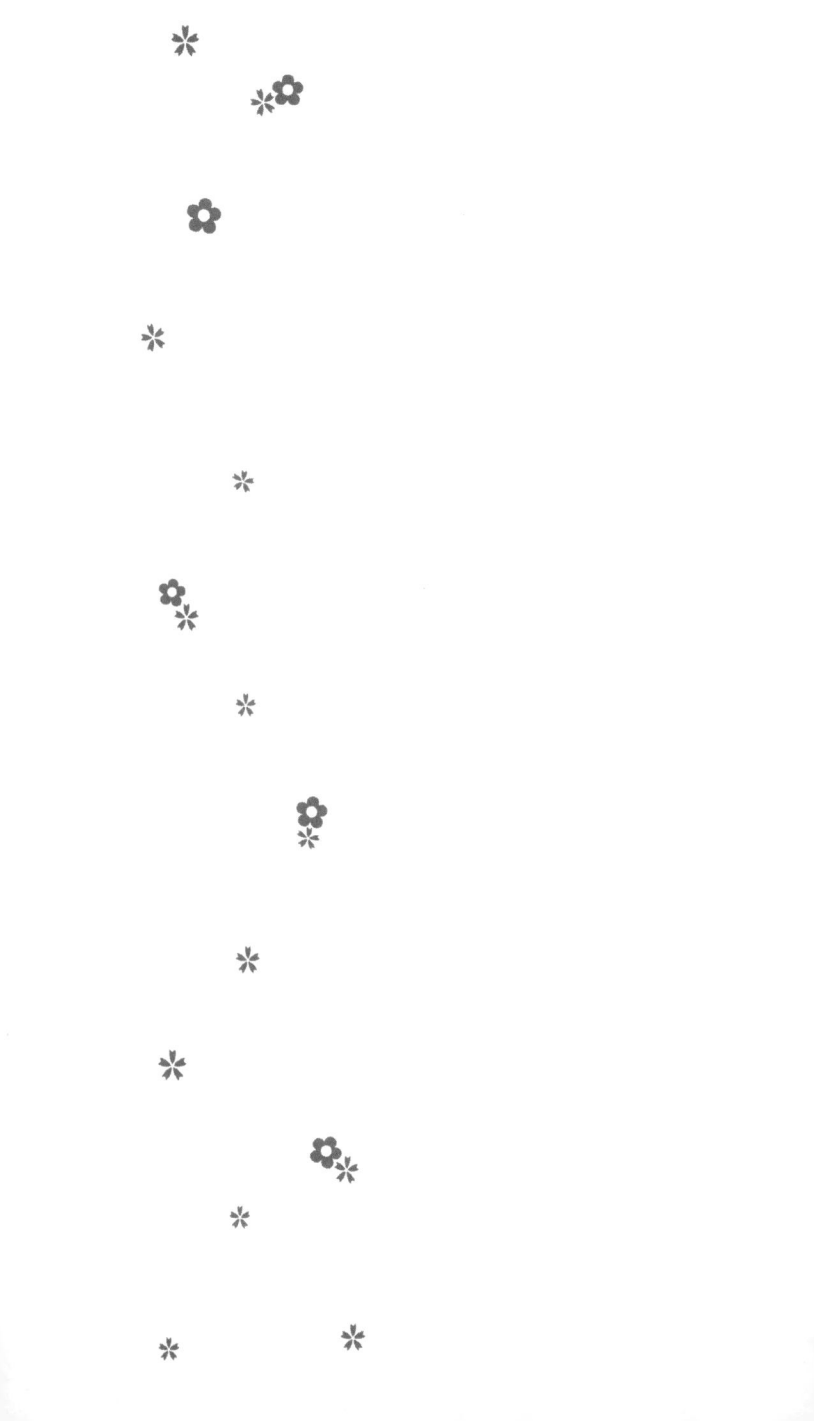

꿈결은 꽃잎 색

한 사람이

튤립 한 아름을 들고

걸어가고 있다

그 걸음은

싱그러운 튤립

보다 더 싱싱하다

오늘 하루

저 이의 마음은

둥그런 튤립의 모양일 것이다

비밀스러운 속삭임을 흠뻑 머금고

튤립은

마음의 온기로

물들어 가고 있다

그렇게

닮아 가고 있다

- 박지윤, <튤립>(2021)

젊은 날엔 젊음을 모르고

가수 이상은이 젊고 사랑스러운 목소리로 노래를 한다.

젊은 날엔 젊음을 모르고 사랑할 땐 사랑이 보이지 않았네
하지만 이제 뒤돌아보니 우린 젊고 서로 사랑을 했구나……

- 이상은, 「언젠가는」(1993), 정규 5집 앨범 『LEE SANG EUN』의 타이틀곡

어느 날 엄마는 이 노래의 가사가, 특히 '젊은 날엔 젊음을 모르고'라는 부분이 문득 가슴에 와 닿는다고 했다.

그때 나는 그렇게 얘기하는 엄마의 얼굴에서 아주 잠깐 20대의 앳된 모습을 보았다. 엄마에게는 말하지 않았지만, 지나간 날들을 그리워하고 아쉬워하는 그 눈빛과 목소리에도 여전히 젊은 당신이 있는 것 같다고 말해주고 싶었다.

그러게. 왜 항상 다 지나고 나서야 알게 될까? 나는 심심한 어투로 대답했다. 그리고 며칠간 엄마의 말과 노래 가사가 불쑥불쑥 머릿속에 떠올라 잠깐씩 생각에 잠기곤 했다.

이상은의 그 노래는 내가 태어난 해 첫날에 발매되었다. 그때 엄마는 스물여섯. 지금의 나보다 젊은 나이에 엄마가 된, 은정. 나는 내가 본 적 없는 은정의 젊은 날들을 상상해 본다. 어떤 하루를 살고, 어떤 내일을 꿈꾸었을까.

엄마는 종종 오래 전 은정의 이야기를 아주 실감나게, 마치 어제 있었던 일처럼 들려준다. 10대에 부산에서 인천으로 전학을 간 첫날 사투리 때문에 반 아이들이 다 웃었던 일, 고등학교 3학년 때 소설 《빙점》을 읽고 소설가가 되고 싶어 쓰기 시작한 두 작품에 관한 에피소드, 20대에 국회의원 사무실에서 일하면서 겪은 부당한 상황에 기죽지 않고 홀로 야무지게 맞선 일, 그 후 공항에서 근무하다 아빠와 처음 만난 일 등등 은정의 이야기는 장편 영화로 만들고 싶을 만큼 흥미롭다. 듣다보면 엄마의 기억력과 표현력에 감탄하는 한편, 꿈과 열정과 사랑을 가득 품은 은정이 참 멋진 사람이라는 생각을 하게 된다.

엄마가 되기 이전에 은정으로서 누렸던 싱싱한 나날들. 내가 모르는 그 시간들을 나는 조금 더 찬찬히 세어 보고 싶다. 젊은 은정의 모든 순간은 나에게 알 수 없는 위로가 되고, 기분 좋은 웃음이 된다. 당당하고 낙관적인 태도, 좋아하면 아낌없이 내어주고 함께하는 시간을 귀중하게 여기는 마음. 은정에게는 닮고 싶은 점이 정말 많다. 그 사실을 엄마는 알고 있을까? 아마도 내가 부러워하는 걸 눈치 챘을 것 같다.

나는 때때로 부모님을 엄마, 아빠가 아닌 한 개인으로서 바라보곤 한다. 어떤 계기는 없다. 몇 년 전부터 자연스레 그렇게 되었다. 한 친구는 이에 대해, 부모님도 나도 계속 나이가 들기 때문이라고 했다. 정말 그런 걸까?

 엄마를 엄마로 바라보면 투정부리게 되는 일도, 은정이라는 사람의 인생을 놓고 보는 순간 가벼이 웃어넘길 수 있는 일이 된다. 이제껏 내가 당연하게 여기던 아빠의 어떤 모습들이 사실은 아빠가 큰마음 먹고 용기 낸 결과였다고 생각하면, 나도 세상을 더 다부지게 잘 살아야겠다 마음먹게 된다.

 책임, 헌신, 희생과 같은 단어가 떠오른다. 아무리 부모님 개인의 삶을 바라보려 해도, 부모로서의 삶을 떼어놓고 볼 수는 없음을 깨닫는다.

 부모는 부모가 아니었다면 당연하지 않았을 일들을 인생의 봄날에 들여놓은 사람. 부모에게 자식은 언제까지나 아이처럼 느껴진다는데, 내 생각에도 아직 나는 어린 구석이 있지만, 부모님의 삶을 이해하고 싶은 마음은 자꾸 깊어져만 간다. 언제부터였는지 모르겠으나 그렇게 부모님을 바라보게 되면서, 나는 우리의 소중한 젊은 날들을 더 진하게 사랑하고 싶어졌다.

응답하라 1993

 내 인생의 첫 친구는 누구였을까? 내가 가졌던 첫 번째 꿈은? 내가 먹은 첫 과일은? 처음 들은 노래는? 최초의 혼잣말은? 처음으로 혼자 손톱을 깎은 날은?
 가끔 나의 첫 순간들이 궁금할 때가 있다. 인생의 모든 '처음'이 데이터화 되어 원할 때마다 언제든 그 장면을 꺼내어 볼 수 있는 능력이 우리에게 있다면 어떨까. 어떤 처음은 아주 보잘것없을 수도, 차라리 모르고 싶을 수도 있을 것이다. 시시하긴 해도 처음이니까 오히려 특별하게 느껴져 인생에 의미 있는 것들이 더 많아질 수도 있겠다. 처음을 기억하지 않아도 사는 데 별문제는 없으나, 살면서 겪는 수많은 첫 순간을 하나하나 기억하고 싶은 나의 이 별난 마음은 어떡하면 좋을까!

 이런 나의 원인 모를 호기심을 어느 정도 해결해 주는 기록을 찾았다. 엄마가 1993년에 쓴 나의 육아일기다. 잡지 사은품으로 받은(그러나 잡지보다 더 두껍고 퀄리티가 좋은) 육아앨범에 엄마는 나의 다양한 처음을 사진과 손 글씨로 남겨두었다. 작디작은 나의 인생 첫걸음과 난생처음 엄마로서의 삶을 시작한 은정의 시간이 담겨 있는 기록. 그 소중한 이야기 속에서 나는 궁금했던 오래 전 나와 엄마의 첫 순간들을 발견했다.

 내 인생 첫 친구들의 이름은 보미와 명운. 같은 동네에 살던 우리는 생후 사오 개월밖에 되지 않은 고만고만한 아기들로, 각자의 엄마의 등에 업힌 채 처음 만났다.
 가장 먼저 친해진 아이는 보미였다. 정확히 말하면 우리 엄마가 동네에서 첫 번째로 사귄 또래 이웃이 보미 엄마였다. 엄마들은 아이를 업고 동네 어귀를 거닐다 우연히 마주쳤고 인사를 나누며 자연스럽게 가까워졌다. 두 아이 모두 딸인데다 보미는 1월생, 나는 2월생이라 유대감이 빠르게 형성됐다. 우리 가족은 이사를 온 지 얼마 안 된 새내기 주민이었고, 보미네는 우리 옆옆 집에 살고 있던 단란한 네 가족이었다. 택시운전을 하던 보미 아빠, 네 살쯤 된 아들 웅이 그리고 딸 보미와 인정 많은 보미 엄마. 먼저 아이를 낳고 키워 본 보미 엄마는 우리 엄마에게 든든한 육아 선배이자 다정한 친구가 되어 주었다.

"지윤아, 여기 파!"
식사 준비를 하다 필요한 재료가 있으면 기꺼이 가져다주고, 남편들의 퇴근이 늦어질 때면 서로의 집을 오가며 시간을 함께 나눴다. 엄마들의 우정이 쌓여가면서 보미와 나는 거의 매일 같은 시간에 우유를 먹고, 같은 공간에서 놀며 같이 뒤집기를 하고 울고 웃었다.

보미는 나보다 한 달 먼저 태어났지만, 몸집은 내가 더 컸다. 나는 태어날 때 몸무게가 3.74kg으로, 당시 기준 여자아이치고는 아주 건장한 편이었다(찾아보니 요즘 신생아 여아의 평균 몸무게가 3.2kg라고 한다. 현재 기준으로 봐도 크게 태어난 것이다). 엄마가 찍어 놓은 사진 속 보미와 나는 똑같은 자세로 앉아서 젖병을 물고 똑같은 곳을 바라보고 있다. 보미보다 한참 언니 같아 보이는 내 듬직한 모습을 보니 슬쩍 웃음이 터진다.

"몇 개월이에요?"
 어느 날 어린 아이들이 뛰노는 집 앞 골목에서 나를 업고 천천히 걷고 있던 엄마에게 새로운 이웃이 다가왔다. 자신의 아들은 3월생이라며 언제 한 번 집으로 놀러오라고 했다. 친근한 성격의 그녀는 근처 상가건물에 사는 명운 엄마였다. 동갑 아이를 키우는 새로운 이웃 친구의 등장이 반가웠던 우리 엄마는 그녀에게 보미 엄마를 소개했다. 그렇게 세 아기 엄마가 모였고 1993년 1, 2, 3월생들의 만남이 이루어졌다. 몇 발짝만 걸으면 닿는 이웃집들. 지금은 낯설게만 느껴지는 '이웃사촌'이라는 말이 그때만 해도 따뜻하게 살아 있었다. 서로의 일상을 공유하면서 동네 친구가 된 엄마들은 하루가 다르게 쑥쑥 자라는 아이들을 함께 키웠다.

"지윤 엄마! 지윤이 이 났네!"

 내가 6개월이 되었을 때 우리 집에 놀러온 명운 엄마가 가제 수건으로 내 얼굴을 닦아주다 배냇니를 발견하고 소리쳤다. 부엌에 있던 엄마는 깜짝 놀랐다. 첫 이가 났다니! 명운 엄마는 몰랐냐며 내 윗입술을 살포시 뒤집어 배냇니를 보여주었다. 쌀알처럼 조그마한 이. 그 귀여운 것을 처음 발견한 사람이 명운 엄마였다고, 엄마는 지금도 생생하게 회상한다.

 4, 5개월에는 뒤집기를 하고 기어 다니며, 6개월에는 배냇니가 나기 시작하고 8개월쯤에는 가구를 짚고 혼자 일어서다 옆으로 걷는다... 아무리 아기의 발달 과정을 육아 관련 책을 통해 충분히 예습했어도, 엄마도 엄마가 처음이라 아이의 성장을 직접 눈으로 보고 경험하는 모든 순간이 낯설고 신비로웠을 것이다. 평생 간직할 장면들이었을 것이다.

 육아일기에 따르면, 일찍 말문이 트인 내가 27개월 즈음에 처음으로 선언(?)한 꿈은 대통령이었다. 고 김영삼 전 대통령이 텔레비전에 나와서 연설을 하는 모습을 가만히 보던 나는 대뜸 엄마에게 이렇게 물었다고 한다.

"엄마, 저 사람은 누군데 티비에 나와?"

"대통령."

"대통령? 대통령이라서 계속 말하는 거야?"

"응. 대통령이라 나와서 연설하는 거야."

"그럼 나도 대통령 될래!"

나는 텔레비전에 나오는 사람이 되고 싶었던 걸까 아니면 계속 말하는 사람이 되고 싶었던 걸까. 둘 다였을 가능성이 높다.

이후 나는 자라면서 다양한 직업을 꿈으로 삼았다. 피부과 의사, 패션 디자이너, CEO, 소설가, 라디오 프로듀서... 내가 만났던 사람이나, 내 눈에 멋져 보이는 사람, 책이나 매스컴을 통해 알게 된 대단한(자기 분야에서 탁월한 업적을 이룬) 사람, 재미있게 일하는 사람들로부터 어떤 영감을 받으면 곧바로 그들의 직업이 내 꿈이 되었다.

그러나 꿈은 시간이 지나면서 단순히 직업이 아닌 더 구체적이고 개인적인 삶의 모습으로 달라졌다. 어떤 직업을 갖는 것은 나의 일부일 뿐이라는 걸 깨달았기 때문이다. 꿈이라 하면 왠지 멋지게 이뤄야만 하는 거창한 무언가 같지만, 사실 그렇지 않다. 꿈은 이루는 게 아니라 계속 해나갈 수 있는 무언가다. 먹고 싶은 음식을 사 먹으면서 기분이 좋은 것도, 읽고 싶은 책을 매일 한 시간씩 읽으며 여유로움을 느끼는 것도 꿈이 될 수 있다. 나는 내가 쓴 드라마를 전 세계 사람들이 시청하고 넷플릭스에서 1위를 하며 모든 시리즈가 흥행하는 꿈을 가지면서도, 먼저 그 꿈을 이뤄가는 조각조각의 날부터 즐겁게 지내는 꿈까지 꾼다. 어떤 꿈부터 어루만질 것인가. 나는 오늘 당장 실현할 수 있는 꿈부터 즐기다 보면 완전히 이루기까지는 시간이 좀 걸릴 꿈을 오래오래 지킬 수 있다고 믿는다.

나의 꿈 목록에는 지워진 꿈들도 있고 여전히 유효한 꿈들도 있고 앞으로 추가될 꿈을 위한 빈 칸들도 많다. 꿈을 갖는 건 언제나 처음처럼 설레는 일. 엄마는 '인생은 설렘'이라고 했다. 동감한다. 만만치 않은 하루하루를 그래도 잘 살기 위해서는 꿈꾸는 설렘이 필요하다. 앞으로 나는 또 어떤 꿈을 선언하게 될까!

엄마가 당시 육아일기에 자주 쓴 말이 있다. 미안하다는 말. 더 잘해주고 싶은데 그렇지 못해서 미안하다는 말. 나중에 크면 엄마의 이 마음을 알아주리라 믿는다는 말. 부모님의 마음은 대체 얼마나 크고 깊은 것인지. 어느 정도로 크고 깊기에 매일 온 하루를 다 바쳐 사랑했으면서도 미안해하는 것인지. 가늠할 수 없는 사랑으로 쓰인 오래된 마음을 읽으며, 나는 오히려 부모님의 그 마음을 다 안다고 할 수가 없게 되었다. 너무나 간절하고 아름다운 사랑이기에. 다 안다는 말이 부끄럽게 느껴진다. 그저 나의 삶을 이루는 모든 것에 고마움을 곱씹어 볼 뿐이다.

 1993년의 날들이 점점 나이 들어간다. 오래될수록 더 또렷해지는 것들은 무엇인지 생각해본다. 내가 기억하지 못하는 시절의 나를 기억하는 부모님과 그때 그 사람들. 나와 내 첫 친구들의 수많은 처음을 발견하고 그 기쁨을 도란도란 나누던 어른들. 그들도 처음이었을 인생의 유일한 순간들.
 내가 '처음'을 소중하게 여기는 이유는 삶에 단 한 번뿐인 기억이기 때문이다.

1993년, 엄마의 육아일기

처음순간
아기가 처음으로...

미소지었을 때	앙증맞다.
물건을 잡았을 때	대견하다.
기었을 때	신기했다.
섰을 때	어느새 이만큼(?)
섰을 때	빨리 걸어 다녔으면..하는 기대감
음악이룸 들을 때	같이 빨리 대학로 가고 싶다.
눈을 맞췄을 때	동감
'엄마' 하고 말했을 때	백듯 반(?) 대선한
'아빠' 하고 말했을 때	우렁찬

아기의 첫 이: 6개월+초 (그담)
아기의 첫 단어: 엄~마, 아~빠
아기의 첫 친구: 김보미, 한명누(男) (1회생) (2학생)

Ⅱ. 4개월때   두손으로 물건을 잘 쥔다.
         엄-마 라고 말한다.
         안아주면 뒤로 젖히려 든다.
         사람을 쳐다보는 시선도 순혁에 자리
         다르다.
         몇차례 뒤집기 시도.
         4개월말경 드디어 뒤집었다.

Ⅳ. 6개월때   기본적적 효능
                                      신기능기호하고...

앉기 시작했다.
6눈 이 나기 시작 (2개 아랫니 나늠)
엄마몸을 물고 잔다.
낯가림 슬슬 시작됨
밥도 먹는다.
6눈 힘차게 긴다.
키 75cm.

9개월때 / 엄마, 아빠, 집무바, 맘마 받음 너무자
%에 호칭.
모든 말이든 하려고 하는 시늉간다
밤에 늦게 잠자는 시간 길어짐
벽잡고 일어남
9개월 발경부터 아랫니 하나 나오기 시작
11~16개월 사이 아랫니 양쪽 1개
(1×2) 2개나옴

인사하는 법도 너무나 정확하게.
자기 표현 정확함
하루에 로제마싱 쭈쭈바로 먹지 않으면 입 속에
 가시가 돋듯 아주 잘 먹는다.
기억력 좋다. (깜빡거까지 있었던 일들과 말들해서
) 기억해 낸다

rain.
 외할머댁이 있다. 비가 올 때도 불구하고
 온후이는 이모랑. 잠잔다고. 외할머니랑 생걸렸대
처음으로 영화구경하러 출발했다.
제목은 "우리들" (측면) 고소영. 한 영화 정성
 아무로 붙이 않은 잘 모르는 사람들 (현재로션)

신문이건 큰씨가 쓰여있으면
무조건 읽는다. 통 큰글씨일지문
제력인 유라정(84년) 아저씨 와 함께
떠듬 며 읽고 바낭 즐거워한다
처음엔 씨영이가 1쇠이, 하면 자기도 따라서
하께다며 시늉을 한다.

자기 딴에는 무슨 얘기인데 소곤소곤 떠든다
치웠다

목소리가 무척 크다.
청명하고.

하루중 지균이가 말하는 내용

22~23개월
즈음에.

엄마, 엄마 나 좋아
엄마나, 엄마 좋아

엄마 나 심심했다.

징그러워요.   다녀오셨습니까
무서워요.

생후 18개월, 경포해수욕장에서.

93. 8. 2일
6개월때
/ 돐생인 친구
보미네 Home

5. 19   100 일째 되는날 [백일]

* 잠보채는시간 PM 7:30 ~ 9:00

새벽에 꼭 두번. 우유 먹여야 깬다.

옹알이 심함.

자기 젖병을 알아보고선 입이

샐룩샐룩...

● mother 의 日記 ●

이젠 완연한 동네 아줌마가 되었다.

지윤이를 등에 업고 집을 나선다.

보미네로 갈까? 명윤네로 갈까?

선배네로 갈까? 한참 망설인다.

지윤이를 위해 과연 이 엄마는 8개월동안

무엇했는가?

엄마로서 어떤 마음가짐으로 지윤이를

위하여 시간을 보냈나?

잠시 생각해 본다.

개구쟁이라도 좋다. 튼튼하게만 자라다오!
아이에게 너무 공부만을 강요하지 마세요. 아이들에게는 무엇보다 잘 먹고, 건강하게 뛰어노는 것이 중요합니다.

제철 상상

백목련 앞에서 요맘때만 할 수 있는 제철 상상을 한다.

1

 겨우내 심심해 보였던 나무에 어느새 소담스러운 꽃봉오리가 솟아났다. 그 작은 망울에는 부들부들한 솜털이 나 있다. 태어난 지 얼마 안 돼서 아직 눈도 다 못 뜬 새끼 강아지를 닮았다. 손을 대면 콩닥, 콩닥, 콩닥, 심장 박동이 느껴질 것 같다. 혹시, 아주 가까이 귀를 대면 새근새

근 숨 쉬는 소리가 들리지 않을까? 머지않아 꽃잎을 피워낼 때에는 우아한 목소리를 들을 수 있지 않을까?

 식물들도 스트레스를 받거나 물이 부족하거나 혹은 자신의 일부가 잘려 나가면 사람처럼 고통의 소리를 낸다는 과학 연구 결과를 본 적이 있다. 그 소리는 인간의 청각 범위를 벗어나는 초고주파라서 우리가 들을 수는 없지만 다른 동물이나 식물끼리는 상호작용을 한다고 한다.

 그렇다면 저 봉오리가 꽃으로 활짝 피어난 다음, 꽃잎이 하나둘 떨어지고 색이 변해갈 때 나무는 스트레스를 받을까? 아픔을 느낄까? 속상할까 아니면 뿌듯할까? 그때 나무끼리는 무슨 말을 주고받을까?

2

봄꽃 조기 출생 건에 관하여.
 기상이변으로 11월에 피어난 봄꽃들이 있었다. 봄인 줄 알았는데 태어나 보니 가을. 얼마나 황당했을까. 나비도 얼떨떨했겠다. 겨울을 날 준비를 하는데 갑자기 꿀을 모으러 다니게 되었으니.

 그런데... 어느 누구도 날이 벌써 따뜻한 게 이상하다는 생각은 못했을까? 진짜 봄이라는 확신이 들었나. 긴가민가하지만 일단 세상 밖으로 나와 본 거였을까. 내가 가진 무언가를 줄 수 있다면 의심하는 능력부터 주고 싶은데, 필요 없다고 하려나.

 꽃도 태어나면서 울었을까. 세상에 속아서 억울했을까. 항간에는 모든 게 호르몬 탓이라는 말이 돌았다. 그래서 인간을 원망하긴 했을까.

 자연으로부터 평생 다 갚을 수 없는 혜택을 받으면서도, 인간은 힘들어하는 자연 앞에서 어리둥절한 표정만 짓는다. 인간은 착각도 잘하고 연민도 잘 느끼는데 궁극에는 시치미를 잘 떼는 게 문제다.

 봄으로 착각하고 태어나버린 꽃을 어떻게 대할 것인가. 봄꽃이 피었으니 봄이라는 말을 아직도 아무렇지 않게 할 수 있는가. 4월에도 오는 눈. 펑펑 내린다고 겨울이라

부를 것인가.

 벚꽃과 눈이 동시에 흩날린다. 자, 이제 봄은 누가 하고 겨울은 누가 할래?

 착각이 너무 쉽게 일어났다. 인간은 이기적으로, 나무는 순진하게. 끝내 진짜 순진한 쪽은 인간이겠지만.

3

 빈센트 반 고흐의 《꽃 피는 아몬드 나무》를 보는 것 같다. 쾌청한 하늘의 색, 탐스러운 하얀 꽃봉오리들, 무언가 시작되려는 느낌! 활짝 핀 모습은 아름답고, 피어나려는 기운은 경이롭다. 꽃으로부터 그림을, 그림으로부터 생명을, 생명으로부터 신비를 느낀다.

 고흐는 자신과 똑같은 이름을 갖게 된 조카 빈센트의 탄생을 축하하기 위해서 봄에 가장 일찍 피는 아몬드 나무를 그려 선물했다. 조카에게 처음으로 준 선물이었고, 그의 인생 마지막 봄에 그린 마지막 꽃그림이었다. 마지막이라 하면 슬프지만, 작업하는 동안 고흐는 행복했을 것이다. 어떤 그림을 보고 기분이 좋아지는 이유는 화가가 기분 좋게 그렸기 때문이라고 나는 믿는다. 고흐는 가장 암울했던 시기에 밝은 색채를 써가며 새로운 생명과 희망을 그려냈다. 조카를 향한 그의 사랑과 염원이 담겨 있기에, 우리는 그 작품을 보고 첫눈에 충만한 기쁨을 느낄 수 있다. 환하게 피어나는 아몬드 꽃처럼, 그림을 그리는 그의 마음에도 어둠의 빈틈을 뚫고 눈부신 미소가 피어올랐으리라.

아몬드 나무는 부활의 의미도 지닌다고 한다. 어쩌면 고흐는 세계 곳곳을 은밀히 돌아다니며 봄철마다 《꽃 피는 아몬드 나무》를 닮은 풍경을 그리고 있을지도. 지금 내가 보는 이 그림 같은 장면도 그가 몰래 그려 놓고 간 선물이라면!

4

아몬드가 꽃이 다 진 다음에 달리는 열매라는 사실은 알지만... 저 안에 진짜 아몬드가 들어있을 것 같다는 생각. 아몬드가 아니라면 초콜릿이 들어있을 것 같다는 생각. 며칠만 지나면, 과장 조금 보태어 내 손바닥만 한 화이트초콜릿이 나올 것이다. 하나 똑 떼어다 맛보고 싶지만 이번에도 침만 삼킬 것이다. 아무도 먹지 않으면 나중에 밀크초콜릿으로 변할 것이다. 어떤 건 다크초콜릿으로도 변하는데……(그만!)

지금 이런 생각을 하는 사람이 지구에 몇 명이나 있을까? 나 같은 사람이 얼마나 있으려나. 목련 나무의 이름을 '아몬드를 품었던 화이트초콜릿 나무'로 짓고 싶어 하는 사람이 과연!

시테 섬의 한낮은 달콤한 동화
- 프랑스 파리

"언니, 이 강 건너편이 시테 섬이래."
 네덜란드에서 파리로 함께 여행을 온 친구가 지도를 보며 말했다. 오른쪽에 센강을 끼고 파리 시청사 쪽으로 걸어가는 길이었다. 도시 안에 작은 섬! 저게 진짜 시테 섬이야? 나는 노트르담 대성당이 시테 섬에 있다는 사실만 알았지, 그 섬에 관해 더 아는 것은 없었다. 친구의 손짓을 따라 고개를 돌려 강 맞은편을 바라봤다. 섬이라고 해서 특별히 파리의 다른 구역과 달라 보이지는 않았으나 이상하게 내 기분은 조금씩 들뜨고 있었다.

당시 나는 교통이나 숙박 등 예약이 필요한 것들은 수개월 전부터 준비하는 반면 여행지에 대한 조사는 대강 해 두는 편이었다. 아는 만큼 보인다는 말에 동감은 하지만 박식한 상태로 떠나는 여행은 나에게 잘 맞지 않았다(절대 조사하기 귀찮아서는 아니다). 좀 서툴더라도 미지의 구석을 남겨둔 채로 다니는 게 더 재미있었다. 사전 공부를 거의 하지 않고 떠나다 보니 여행 도중 현지에서 새로 알게 되는 것들이 많았다. 물론 몰라보고 지나쳤다가 한참 뒤에야 알아차린 경우도 왕왕 있었다. 그래도 다시 여행을 오기 위함이라고 깜찍한 핑계를 삼으면 그리 아쉽지만은 않았다.

 사람은 평소에는 자기 자신과 환경에 너무도 익숙해서 더 이상 알아갈 것이 없다는 착각에 빠지기 쉽다. 그런데 옆 동네만 가 보아도, 한 번도 다녀본 적 없는 길에 들어서기만 해도, 내가 경험할 수 있는 일상이 처음 펼쳐든 책처럼 새롭게 보이기 시작한다. 하물며 여행은……
 지금도 마찬가지인데, 나는 여행에서 내가 아는 게 별로 많지 않음을 실감하는 순간이 좋았다. 그동안 몰랐던 것들이 이렇게나 많구나! 하고 놀랄 때마다 짜릿했다. 생소한 풍경 속에서 물음표와 느낌표 사이를 오가는 동안 쌓이는 즐거움이 있었다.

 나는 그렇게 완벽히 준비되지 않은 여행자로 지내며 나의 행복이 생겨나는 과정을 깨달았다. 낯선 세상을 기웃거리다, 처음 보는 나 자신과 조우하고, 어떤 기대감을 갖는 순간. 나는 그런 때에 오직 나만이 이해하는 하나뿐인 행복을 느꼈다. 그건 아직도 내 마음속에 머물고 있는 (평생 사라지지 않았으면 하는) 깨끗한 호기심에서 비롯하는 행복이었다.

 난생처음 온 파리에서도 나는 정말 아무것도 모르는 스물세 살의 어린 이방인이었다. 모르는 만큼 설렐 수 있었다. 경험하는 모든 순간이 꿈결 같았다.

 시테 섬으로 향하는 길에 파리는 마치 살아 움직이는 미술관처럼 보였다. 카미유 피사로의 섬세한 시선이 곱게 담긴 작품이기도 하고, 클로드 모네가 그린 파스텔 톤의 풍경화가 겹쳐 보이기도 했다. 더없이 맑고 푸른 하늘에 비해 센강의 색은 약간 텁텁했지만 파리의 건물들이 대체적으로 밝은 상앗빛을 띠고 있어서 꽤 조화롭게 느껴졌다. 중세 건축 양식을 그대로 유지하고 있는 건물들은 이국적인 정취를 흠뻑 느끼게 해주었다.

 가판에 놓인 오래된 그림과 책들에 이끌려 걸음을 멈춘 우리는 누렇게 바랜 종이 냄새에 잠시 취했다가, 그 옆에서 눈길을 사로잡는 귀여운 빈티지 배지들을 진지하게 골라 보기도 했다.(사지도 않을 거면서!)

 도로를 따라 쭉 늘어선 커다란 가로수들의 무성한 연둣빛 나뭇잎은 그 위를 살랑살랑 어른거리는 햇살과 함께 반짝반짝 지저귀는 듯했고, 강변에 삼삼오오 모여 앉아 맥주를 마시는 젊은 사람들의 목소리와 묘한 앙상블을 이루고 있었다.

 청초하게 빛나는 나무들과 다채로운 사람들이 그려내는 온화하고 자유로운 분위기는 내가 느꼈던 파리의 첫인상과 사뭇 대조되었다. 파리에 막 도착해서 마레 지구에 있는 숙소를 찾아갈 때만 해도, 내 눈에 파리는 어딘가 모르게 칙칙하고 음울했다. 마주치는 사람들은 모두

무뚝뚝해 보였고, 다른 유럽 도시에서는 느껴보지 못한 얇은 어둠이 그늘처럼 깔려 있었다. 매우 화창했던 날씨에도 불구하고, 파리의 첫인상은 색으로 표현하면 차가운 톤의 회색이었다. 나는 왜 그렇게 느꼈을까.

 여행하기 정확히 6개월 전, 파리 시내 일곱 곳에서 동시다발적인 대형 테러가 발생했다. 이미 왕복 교통편과 숙소 예약을 다 마치고, 디즈니랜드에 갈까 말까 즐거운 고민을 하던 친구와 나는 하루아침에 여행 자체를 갈지 말지 심각하게 고민하게 되었다. 이후 파리는 물론 유럽 전역의 치안은 더욱 강화되었고, 우리는 오랜 고민 끝에 계획했던 여행을 떠나기로 결정했다. 하지만 반년이 지났어도 불안하기는 마찬가지였다. 네덜란드에서 버스를 타고 벨기에를 거쳐 파리에 도착하기까지, 나는 아무 일도 일어나지 않게 해달라고 속으로 계속 빌었다.
 걱정과 긴장 속에서 파리를 마주한 첫 느낌은 아주 묘했다. 하늘은 모든 일을 새하얗게 잊어버린 것처럼 화사했고, 도시는 명성대로 근사했으나 어쩐지 반년 전 테러의 비애가 느껴졌다. 레퓌블리크 광장을 지날 때는 우연히 테러 희생자들을 추모하는 모습을 보았다. 직접 현지에 와 보니 문득 이 도시의 슬픔이 실감났다. 내가 여기서 즐거워해도 되는 걸까? 우리 이렇게 여행하는 게 맞는 거야?

 그러나 내가 첫인상으로 기억하는 파리의 어두운 색채는 실존하는 분위기인 동시에 나의 불안감이 투영된 장면이었다. 곳곳을 걸어 다니며 서서히 깨달았다. 파리는 꿋꿋하게 일상을 지켜가는 파리 시민들과 불안감을 안고서도 찾아와주는 발걸음들이 있어 여전히 파리답게 존재하고 있음을.
 일상을 계속하면서 아픔을 극복하려면 아무렇지 않게 살아갈 수 있는 힘이 필요하다. 잃어버린 활기를 되찾는다고 있었던 일을 잊어버리진 않는다. 파리의 사람들은 이미 아무렇지 않게 살아가는 힘으로 아픔을 극복하고 있었고, 그 일상에 잠시 방문한 여행객은 여행객대로 도시의 슬픔을 위로하고 있었다. 그러니까 걱정과 불안으로 뭉친 무거운 마음을 갖고 다니기보다, 그저 나에게 주어진 오늘의 파리를 즐기는 게 여행객으로서 이 도시를 위로하는 법이라고 나는 생각했다.

 센강을 따라 시테 섬으로 향하는 그 길에서 나는 파리의 봄이 얼마나 밝고 부드러운지를 보았다. 마음이 조금씩 가벼워지고 있었다.
 걷다 보니 파리 시청사 왼쪽 건너편에 있는 아르콜 다리에 닿았다. 시테 섬과 연결되어 있는 다리였다. 우리는 노트르담 대성당을 찾아가는 길이었으므로 그 다리를 건너야 했다. 파리의 센강을 가로지는 다리는 총 37개로 한강의 다리보다 많다고 하는데, 강의 폭은 센강이 비교도 안 되게 좁아서인지 건너는 데 얼마 걸리지 않았다.
 친구와 몇 마디 대화를 나누는 사이 금방 시테 섬에 도착했다. 그리고 마침내 다리의 끝에서 바로 이어지는 횡단보도를 건넜을 때, 눈앞에 펼쳐진 풍경에 나는 꼭 누군가로부터 초대장을 받은 기분이 들었다.
 숨이 턱 막힐 만큼 사랑스러운 분홍색의 마로니에 꽃나무들이 오월의 향기를 풍기며 나를 맞이했다. 그 싱그러운 환대 속에서 시테 섬에 들어서던 순간은 언젠가 꾸었던 기분 좋은 낮잠의 꿈을 닮아 있었다. 깨고 나면 기억나지 않지만 꾸는 동안에는 왜인지 모르게 포근한 꿈. 아기가 자면서 히죽히죽 웃으면 즐거운 꿈을 꾸는 거라던데, 나도 아주 어렸을 때 그런 적이 있었던 것 같다. 있었다면 시테 섬 바로 이곳 마로니에 아래에서 방울방울 떠다니는 비눗방울을 손으로 잡으려고 폴짝거리며 뛰어다녔던가.

 길 양옆으로 심어진 마로니에들이 오랫동안 나를 기다리고 있던 건 아닐까 하는 상상을 해봤다. 다정한 이야기를 들려줄 것만 같아서, 노트르담 대성당은 완전히 잊어버리고 한참동안 그 길을 서성였다.

 내가 모든 감각으로 기억하고 싶었던 분홍색 꽃을 피운 나무가 마로니에라는 건 나중에야 알았다. 삼십 분이 넘도록 벗어나지 못하고 왔다 갔다 했던 그 길이 아르콜 거리라는 것도 글을 쓰는 이제야 알았다.
 나는 이름 모르는 길에서, 이름 모르는 꽃나무들로부터 달콤한 기억을 선물 받았구나. 봄이 지나가는 오월에 처음 만난 파리는 거짓말처럼 아름다운 동화였구나.

2016년 5월 13일. 그 누구도 마음 무겁지 말라는 듯이. 아무렇지 않게, 찬란한 봄빛으로 먼저 웃음을 보여준 시테 섬. 파리가 시작된 그곳에서, 나는 봄의 너른 품에 안겨 아무런 기대도 걱정도 아는 것도 없이 돌아다니는 작은 낭만이었다.

오월엔 이런 길을 걷고 싶었어. 손짓 말고 온몸으로 반겨주는 길. 늘 기다리고 있었다 말해주듯이.

사랑으로 살진 봄. 우리 헤매는 거리. 다정히 늘어선 꽃나무.

좋아서 방향을 잃은 사람들. 방향을 잃어도 좋은 눈망울. 아리따운 잎들 사이사이로 나풀거리는.

쥬 뗌므. 쥬 베 비앙.

몰래 접어 둔 쪽지를 보았어. 꽃그늘 아래 속삭이는 만남. 혹시 약속하고 싶나요.

소곤소곤 파스텔 향 흩날리는 시테 섬.

여기 낮잠에 찾아다닌 꿈이 기다리고 있었어.

  - 박지윤, <시테 섬의 한낮은 달콤한 동화>, 《파리 허밍》(북보니, 2023)

동그란 봄을 찾아서

우습고 귀여운 구석들의 세상

 지하철을 기다리며 스크린 도어에 비치는 내 모습을 한 번 쓱 훑어본다. 내 뒤로는 줄을 선 사람들이 대여섯 명쯤 보인다. 이때 한 노인(키가 크고 빼빼 마른 백발의 할아버지)이 갑자기 내 오른쪽 옆에 바짝 다가와 선다. 나는 고개를 돌려 노인을 쳐다보지만 그는 절대 나와 눈을 마주치지 않는다. 순간 촉이 딱 온다. 새치기! 주위 사람은 보이지 않는다는 듯, 허공에 둔 시선과 천연덕스러운 표정. 이건 새치기하기 직전의 전형적인 얼굴이다.

자주 있는 일은 아니지만, 이전에도 새치기를 당한 경험이 있었다. 제삼자로서 목격한 적은 더 많다. 좀 더 어렸을 적에, 한 번은 바로 내 옆에 붙어서 새치기를 노리는 노인(아주 고령은 아닌, 짱짱하고 젊어 보이는 할아버지)에게 직접 물어보았다.

"여기 뒤에 줄 섰어요. 왜 끼어드세요?"

노인은 몇 초 간 못 들은 척하더니 살짝 고개를 돌려 뒷사람들을 힐끗 보았다. 그러고는 헛기침을 하며 다시 고개를 빳빳하게 들고 앞만 응시했다. 예상했던 대로다. 그럼 그렇지. 어린 사람의 말 한마디로 달라질 태도였으면 처음부터 그렇게 부끄러운 행동을 하지 않았겠지. 나는 그러려니 하고 말았다.

보통 같으면 그 자리에 있던 다른 사람들처럼 가만히 있었을 내가 목소리를 냈던 것은 순전히 그가 괘씸했기 때문이다. 그곳에 줄을 제대로 서 있던 사람 중에는 새치기 노인보다 스무 살은 더 많아 보이는 노인도 있었고, 다리가 불편해 지팡이를 짚고 서 있는 사람도 있었다. 그들은 자리에 앉고 싶은 마음이 없어서 줄을 제대로 서 있었겠느냐 말이다.

아닌 건 아니라고 말할 용기도 세상이 험해서 함부로 드러내지 못하는 요즘, 불의를 보면 나서고 싶지만 속으로 참고 그냥 넘어갈 때도 많다. 대부분의 사람이 그럴 거라 생각한다. 하지만 잘못된 것을 바로 짚지 않고 모두가 피하기만 한다면 우리 사회는 계속 찌그러질 것이다. 서로를 외면할수록 사람도 세상도 기형적으로 늙어갈 것이다.

 여러 사람의 눈총을 뒤통수로 받아내며 결국 맨 먼저 승차한 새치기 노인은 전철 안에서도 주변에 폐를 끼쳤다. 이미 세 명이 앉아 있던 노약자석에 막무가내로 엉덩이를 들이밀어 잘 앉아 있던 누군가를 일어나게 만드는가 하면, 이어폰 없이 유튜브 가짜 뉴스를 보면서 소리를 크게 틀기까지 했다. 그가 실제로 어떤 삶을 살아왔든, 그 순간에 그는 '어른'이 아니었다. 그냥 나이만 든 사람에 불과했다. '나이가 들면 뻔뻔해진다'는 말은 틀렸다. 뻔뻔한 채로 나이가 들거나 몸만 늙고 속은 덜 자란 것이니.

그와 빼닮았다. 오랜만에 보는 저 이기적인 눈빛!

열차가 들어온다는 방송이 흘러나오고, 멀리서 달려오는 지하철이 보인다. 그런데 이때 새로운 노인이(이번에는 선글라스를 낀 할머니) 내 앞을 새치기한 노인 앞에 슬며시 선다. 아니 대체 이게 무슨 상황이람. 새치기에 또 새치기라니! 새로운 새치기 노인은 아까부터 내가 서 있던 줄 바로 앞 스크린 도어에 붙어 있던 지하철 노선도를 계속 보고 있다가, 지하철이 도착하자 아무렇지 않게 맨 앞에 선 것이다. 상황이 이렇게 된 이상 노선도를 보는 척했다고밖에 할 수 없겠다.

"아, 뭐요!"

내 앞을 새치기한 노인이 새로운 새치기 노인에게 소리친다. 그러나 그녀는 들은 체도 안 한다.

"뭐하는 거냐니까!"

새로운 새치기 노인이 그의 얼굴을 한번 보더니 다시 고개를 돌린다.

"어?"

그녀는 얼굴도 쳐다보지 않고 말한다.

"내가 먼저 왔어요."

"뭐요?"

"여기 먼저 서 있었는데. 내가."

"하! 먼저?"

새치기 노인끼리 싸운다. 지하철이 서서히 느려진다.

"뭔 소리야? 언제부터!"

지하철이 멈춘다. 새로운 새치기 노인은 지하철 문이 열리기만을 기다리는 듯 아무 말 없이 꼿꼿하게 앞만 본다.

"아, 언제부터냐니까?"

스크린 도어가 열리자 그녀가 대충 빠르게 답한다.

"아까부터!"

그러자 새치기 노인이 큰 소리로 이렇게 말한다.

"쯧, 사람이 양심이 있어야지."

웃긴다! 새치기에 새치기를 더한 시트콤의 탄생. 헛웃음이 나오는 걸 보니 이건 우스우면서 우습지도 않은 시트콤 절망편이다.

지하철 문이 열리고, 내리는 사람들이 우수수 나오기 시작한다. 서로 먼저 타려고 무언의 신경전을 벌이는 두 노인. 그들의 뒷모습을 보면서 나는 생각한다.

왜 그렇게 서두르나요. 지옥에 빨리 가는 건 싫을 거면서...

 무단 횡단을 하거나 습관적으로 비교하는 사람을 봐도 같은 생각을 한다. 남들을 제치고 앞에 선다고, 몇 초 더 빨리 간다고, 누구보다 먼저 자리 잡는다고 삶이 좀 나아지는지. 그래야만 잘 사는 것 같다면 평생 얼마나 전전긍긍해야 하는지. 이해할 수 없는 뒷모습이다.

 두 노인은 사람이 다 내리지 않았는데도 개의치 않고 막무가내로 지하철에 오른다. 사람들은 미간을 찌푸리고 작은 한숨을 내뱉고 눈을 흘긴다. 남들을 그런 미운 얼굴로 만들면서까지 1등으로 탄 지하철이건만, 앉을 자리도 양보하는 이도 없다. 새로운 새치기 노인은 더 옆으로 가기 위해 꾸역꾸역 사람들 안쪽으로 파고 들어가고, 나를 새치기한 노인은 젊은이들 앞에 서서 못마땅한 표정을 지어 보인다. 못된 마음과 흉한 표정은 옮기도 한다. 그러니 더 이상 신경 쓰지 않기로.

 별의별 사람이 모이는 지하철에서 나는 휴대폰 대신 사람을 구경하길 좋아한다. 광고판, 바깥 풍경, 통화 소리 등 눈에 보이고 귀에 들리는 것에도 잠깐씩 흥미를 갖는다. 대다수가 이어폰을 끼고 휴대폰 화면에 시선을 고정한 채 자기만의 세계에 빠진 모습이지만, 나처럼 말똥말똥 지하철 안을 관찰하는 이들도 보인다. 대개 외국인 관광객이나 유아들이다. 아니면 휴대폰을 어디에 두고 왔거나 잃어버려서 손에 쥐고 볼만 한 게 없는 심심한 사람으로 추정된다.

각양각색의 사람들. 저마다 다른 생김새를 하고 머릿속으로는 또 무슨 다채로운 생각들을 하고 있을까. 저 사람은 어떤 재미난 걸 봤기에 콧구멍을 벌렁거리며 웃음을 참고 있나. 평일 낮인데 왜 이렇게 사람이 많지. 저 사람, 가방은 어디서 샀을까...

맞은편에 앉아 있는 여학생이 손에 들고 있던 카메라를 만지작거린다. 오래되어 보이는 필름카메라. 여학생은 가방에서 무언가를 꺼내어 손톱으로 살짝 뜯어낸다. 뭔가 했더니 스티커다. 만지작거리던 부분에 스티커를 붙인다. 예쁘게 꾸미려는 게 아니라 뭔가를 가리기 위함 같다. 그 모습을 보자 괜스레 웃음이 난다. 10년 전에 산 삼성 NX mini 디지털 카메라가 떠오른다. 하도 많이 들고 다녀서인지 어느 날 윗부분의 은색 뚜껑(정확히 뭐라고 불러야 할지 모르겠다)이 떨어져 어디론가 사라졌는데, 저 여자의 카메라도 어디가 상한 걸까? 회색 필름카메라에 붙은 캐릭터 스티커가 다소 투박해 보이면서 어쩐지 귀엽기도 하다.

 이따금 몰상식한 부류를 만나고 나면 인간에 대한 정이 떨어지려 하는데, 꼭 그럴 때 공교롭게도 사람의 어떤 귀여운 구석 하나가 최후의 보루처럼 짠-하고 등장한다. 그 귀여움이란 매우 주관적이라 아무도 납득하지 못할 수도 있다. 나 혼자 피식 웃고 마는, 그런 깨알 같은 귀여움 코드가 누구에게나 있지 않은가.
 지하철에서 앞자리에 쪼르르 앉아 있는 아주머니들의 쌍둥이처럼 똑같은 뽀글뽀글 파마머리. 정장을 빼입고 근엄한 표정으로 걸어오는 아저씨의 손에 들린 잔망루피 휴대폰케이스. 부모가 입힌 옷 위에 공주 드레스를 덧입고 걸을 때마다 반짝반짝 불이 들어오는 신발까지 신은 어린이. 신호등에 따라 멈추고 움직이는 사람들과 탈 것들. 도로 운행 중 같은 회사 버스끼리 마주치면 운전기사들이 주고받는 찰나의 손 인사. 남녀노소 가방에 달랑달랑 달려 있는 각종 키링들... 나는 이런 것들이 귀엽다. 엉뚱하게 웃음이 난다.

 예기치 못한 순간 눈에 들어오는 사람들의 그 귀여운 구석 덕분에, 미워할 인간보다 그래도 좋아할 인간이 더 많은 세상이라고 생각한다. 비약이라 해도, 귀여운 것에 부드러워지는 이 마음은 어쩔 수 없다. 귀여움이 세상을 구한다더니, 내 안의 인류애를 지켜주는 것만은 확실하다.

- 장난하니? 기분 망쳐 놓고, 귀여우면 다냐?
- 귀여우면 다야!

 (과거 어느 방송에서 두 아이가 빨래 방망이를 놓고 싸우는 유명한 대화를 한번 따라해 보고 싶었다... 원본 영상은 '예쁘면 다냐'를 검색할 것.)

기분 파동

 SNS를 하다 보면 별로 보고 싶지 않은 것들을 어쩌다 보게 된다. 알고 싶지 않은 일들도 우연히 알고야 만다. 특히 각종 흉흉한 범죄 사건이나 사고, 분별없이 기사화되는 유명인의 시시콜콜한 개인사를 반복적으로 접할 때면 기분에 독소가 쌓이는 것만 같다.

 이렇게 하늘도 예쁘고 햇살도 밝게 빛나는 날, 얼굴을 찌푸리게 하고 마음을 자꾸 일렁이게 하는 소식들을 지혜롭게 대하려면 어떻게 해야 하지? 나도 모르게 몸에 힘을 잔뜩 주고 있었음을 알아차리면 어깨를 한 번 쓱 올

렸다가 툭 떨어뜨린다. 시선을 저 멀리에 얹고 시야를 넓히기도 한다. 내 감정은 어떤지 궁금해 하기는 필수. 기분 파동을 떠올리며 스스로에게 안부를 묻는다. 기분아, 지금 괜찮니?

'기분 파동'은 내가 지어낸 말이다. 시시각각 섬세하게 변하는 감정을 나타내는 내 머릿속 상상의 움직이는 이미지다. 마치 오디오 편집 프로그램에서 소리를 재생하면 데시벨에 따라 위아래로 움직이는 파형처럼 생겼다.

가끔 특정한 기분에 휩싸였을 때(특히 부정적인 느낌이 강할 때), 나는 기분 파동을 떠올리면서 감정을 다스린다. 기쁨, 슬픔, 분노, 불안 등 여러 갈래의 감정이 각각 세로로 된 막대 모양의 칸에 실시간으로 시각화되고 있다고 생각해보자. 만약 지금 어떤 일로 인해 매우 초조하다면, 불안의 막대 안에 빨간색의 파형이 중간점을 훨씬 웃돌며 요동치고 있을 것이다. 다른 잡다한 생각은 하지 않고, 가만히 그 움직임에만 집중하도록 한다. 감정의 최대치는 100. 파형이 막대의 천장까지 닿을락 말락한다. 97, 91, 95, 91, 94, 89, 93, 87... 끊임없이 오르락내리락

변화하고...

 그 현란한 양상에 이런 생각을 얹어본다. '감정은 계속 움직이고 있다. 결코 한 위치에 멈춰 있지 않는다. 그러니 내가 사로잡혀 있는 감정의 파형이 당장은 긴급하다는 듯 높이 치솟고 있지만, 언제 그랬냐는 듯 곧 누그러지겠군!'

 나를 압도할 것만 같은 현재의 감정이 영원하지 않다는 사실을 의식하기만 해도 마음의 상황은 달라지기 시작한다. 나에게 영향을 주는 외부 상황은 그대로일지언정, 내 안에 어떤 감정이 얼마나 머물게 할지는 내가 직접 선택할 수 있음을 알아차린다. 불안정한 파형이 빨간색에서 주황색으로 바뀌고, 90을 상회하다가 점점 85와 70 사이까지 내려오는 모습을 그려본다. 이쯤 되면 감정과 거리두기에 이미 성공한 것이다.

 감정을 무시하거나 벗어나려 하지 않고 고스란히 느끼기. 그 다음 한 발짝 떨어져서 '감정의 유동성'에 주목하기. 그리고 스스로 감정을 선택할 권리를 알아차리기. 그러면 어느새 기분은 내가 원하는 대로 변화할 태세를 취하고 있다.

 모든 것은 생각하기 나름이라는 말이 있다. 비슷한 맥락으로 나는 이렇게 말하고 싶다.

인생은 기분에 따라 달라지고, 기분은 생각으로 길들인다.

 살면서 기분을 다루는 능력은 매우 중요하다. 기분을 다루려면 현재의 기분을 이루는 여러 감정을 충분히 느끼고 제대로 바라봐야 하는데, 말이 쉽지 평생에 걸쳐 숙련이 필요한 일이다. 그러기 어려운 환경이거나 스트레스를 많이 받는 상황에서는 어느 한 감정에 매몰되기 쉽고, 주된 감정이 생각하는 힘을 약하게 만드니까.
 감정이 생각을 완전히 잡아먹는 건 정말이지 끔찍한 일이다. '이 감정은 일시적이고, 내 기분은 내가 정해!'라고 아무리 말로 다짐해봤자 이미 감정의 소용돌이에 휘말린 상태에서는 별 소용이 없다. 그래서 나는 내 주특기인 상상력을 동원해 감정을 구체적이고 생생하게 이미

지화다. 운동선수들이 경기를 앞두고 하는 이미지 트레이닝과 비슷하다.

 기분의 변화를 이미지로 상상하는 일은 감정을 생각으로 다스리는 일이다. 물론 몸과 마음은 하나이기에 생각만으로 감정의 균형을 완전히 맞추기는 어렵다. 그래도 몸을 움직이거나 다른 방식으로 기분을 전환하기에 앞서 상상력을 동원해 마인드 세팅부터 한다. 머릿속으로 감정을 그려내고 내가 원하는 형태로 맞추다 보면 신기하게도 나 자신과 감정이 분리되는 느낌이 든다. 무작정 운동이나 게임을 하면서 감정으로부터 벗어나려는 노력보다 훨씬 효율적인 방법이다. 일시적인 감정의 기세에 지지 않고 생각하는 힘으로 기분을 다스리는 데 상상만큼 좋은 방법을 나는 아직 찾지 못했다.(가끔 상상력이 과해지면 오히려 나 자신이 기분 파동에 파문을 일으키기도 하지만, 뭐 괜찮다. 이 역시 잠깐뿐일 테니!)

 기분 파동에 난입하는 불청객들이 널려 있는 일상이다. 어떻게든 나에게 영향을 주는 생활의 다양한 변수로부터 나를 보살피는 방식도 점차 늘어간다.

네덜란드에서 동네 한 바퀴
- 네덜란드 브레다

 네덜란드 브레다에서 대학교를 다니며 맞이한 네 번째 계절. 나는 날마다 달라지는 하늘과 나무와 꽃 그리고 자전거 타는 사람들의 밝은 기운이 묘사하는 생생한 봄의 그림을 마주한다. 네덜란드의 하늘은 언제나 손을 뻗으면 닿을 듯이 가까운데, 나는 그게 아무리 봐도 신기해서 매일 창문을 열고 위를 올려다본다. 구름 한 점 없이 쾌청한 날이면 하늘은 유달리 더 파랗고 낮아 보인다. 고개를 아래로 내리면 옹기종기 모여 있는 이층집들과 아담한 정원들이 눈에 들어온다. 정류장에는 버스가 느긋하게 멈춰 섰다 느긋하게 출발하고, 차도에는 자전거와 자동차들이 질서 있게 달린다. 내가 사는 집의 잔디마당에는 다양한 인종의 학생들 예닐곱이 모여 공놀이를 하고 있다. 학교 수업도 아무 약속도 없는 날이지만 나는 밖에 나갈 의무를 진 사람처럼 옷을 주섬주섬 챙겨 입고 집을 나선다.

동네 한 바퀴 돌기 시작! 동네 산책은 봄이 맡긴 임무다.
 걸으며 가만히 돌이켜보건대, 네덜란드에 오기 전까지는 내가 사는 동네에서 봄을 즐긴 적이 별로 없었다(그럴 생각이 들지 않았다). 봄이 오면 여의도 윤중로나 석촌호수 같은 벚꽃 명소에 가서 북적이는 사람들 사이로 꽃구경을 하고, 한강 공원이나 서울숲이나 수원 화성행궁에 놀러 가서 여유로운 시간을 보냈다. 동네 여기저기를 걷고 둘러보기는 좋아해도, 계절이 바뀔 때마다 이왕이면 집 근처를 벗어나 새로운 풍경을 만끽할 수 있는 곳에 놀러 갔다. 그래야 비로소 봄을 누리는 것 같았다.
 네덜란드 브레다의 이 동네도 우리나라의 소도시 여느 동네와 다를 바 없다. 유명한 무언가가 있는 것도 아니고

주택과 공원, 크고 작은 상점들이 있는 그냥 평범한 주거 지역일 뿐이다. 그런데 희한하다. 이 작은 동네에서 나는 자꾸만 봄을 한가득 발견하려 한다. 이 보통의 동네가 나를 자꾸만 부지런한 산책자로 만든다. 이곳은 나에게 어디까지나 이국의 낯선 땅이고, 아무리 적응해도 나날이 새로운 시간이기 때문일까, 생각하며 횡단보도를 건넌다.

 네덜란드의 대표적인 체인 슈퍼마켓 중 하나인 윰보(JUMBO, 처음에는 모르고 점보라고 읽었는데 네덜란드에서는 윰보라고 발음한다)로 향하는 길이다. 도로 양옆으로 정갈하게 자리 잡은 단층 혹은 이층짜리 단독주택과 5층 내외의 공동주택들. 아파트라고 해도 우리나라처럼 이십층 가까이 되는 고층의 건물은 없다. 내가 사는 집도 학생들이 많이 입주해 있는 6층짜리 아파트다. 아무래도 젊은 사람들이 살다 보니 우리 건물은 자주 시끌벅적하지만 이 동네는 대체로 조용하다. 거리에 늘 사람과 차가 다니고, 밤에는 집집마다 불빛이 환한 걸 보면 분명 사람들이 꽤 많은 동네인데도 소음은 거의 없다. 때로는 좀 심심하게 느껴질

만큼 고요하다. 이 동네에서 나는 소리는 주로 주민들이 길을 오가다 서로 인사를 나누는 말소리, 또로롱 울리는 자전거 벨 소리, 뛰노는 아이들의 천진난만한 목소리... 여기 강아지들은 잘 짖지도 않는다.

"Halo!(안녕!)"

아파트 1층 테라스에서 화분에 물을 주는 할머니가 나를 보고 인사를 건넨다. 나도 똑같이 Halo! 하고 인사한다. 네덜란드에서는 모르는 사이에도 눈이 마주치면 스스럼없이 인사하는 사람들을 흔하게 만난다. 환한 웃음을 주고받은 뒤 할머니는 계속 화분을 정리하고 나는 가던 길을 간다. 특별히 뭘 하지 않았는데 괜스레 기분이 좋다.

노란색 간판을 단 윰보에 들어간다. 입구에서부터 윰보 특유의 냄새가 난다(내가 자주 가던 매장은 입장하는 순간 각종 식품의 향이 싱그럽게 뒤섞인 쾌적한 냉장고를 연 느낌이 들었다). 계산대에서 삑삑 바코드 찍히는 소리가 들려온다. 평소 식사 준비로 장을 볼 때는 꼼꼼히 둘러보지만 이번에는 바로 매장 중앙의 과일 코너로 직진한다. 내 목표는 오렌지 주스.

과일 코너 한 쪽에 오렌지 착즙기가 있고 그 옆에는 나무 바구니에 빈 페트병이 크기별로 마련되어 있다. 페트병을 고르고 뚜껑을 열어 착즙기 아래에 놓은 다음 레버를 당기면 100%의 신선한 오렌지 주스를 원하는 만큼 담을 수 있다. 손바닥만 한 크기의 병 가득 주스를 채우고 뚜껑을 닫는다.

계산대로 가는데 눈길을 잡아끄는 녀석들이 많다. 감자, 치즈, 빵... 1+1... 윰보는 세일을 자주 한다. 네덜란드의 마트 물가는 저렴한 편인데 특히 채소와 과일이 엄청 싸다. 품목마다 차이는 있으나 우리나라에 비하면 거의 반값에서 3분의 1 가격밖에 되지 않는다. 내가 좋아하는 양파와 귤 1kg, 바나나 한 묶음이 각 1유로 대다.(한화로 2000원이 채 안 되는 가격!) 산책을 마치면 집에 들러 장바구니를 가지고 다시 장을 보러 올 것이다.

윰보 밖으로 나오자 눈앞에 세 갈래의 길이 나타난다. 평소에 다니는 길 말고 한 번도 걸어본 적 없는 길을 가볼까. 익숙한 생활에 변주를 시도한다. 목적지를 잘 찾아가는 것이 중요한 경우에는 지도를 보고 정확한 길을 파악하지만, 나 혼자 하는 동네 산책은 자유롭게 발길이 이끄는 대로 다니는 게 더 좋다. 어차피 길은 다 통하고, 도움을 요청할 수 있는 현지의 친구들도 생겼고, 무엇보다 이제 동네가 편안해서 아무런 걱정이 없다.

 어디로 이어지는지 모르는 길을 천천히 걸어본다. 좁은 차도를 낀 보행로에 마당이 없는 단층의 주택들이 다닥다닥 붙어 있다. 길거리 상점의 쇼윈도처럼 모든 집이 거실 유리창으로 실내가 훤히 들여다보인다. 지나치면서 나도 모르게 시선이 가는데 그만 누군가와 눈이 마주치고 만다. 거실 소파에 아이들과 함께 나란히 앉아 피자를 먹으며 텔레비전을 보는 아저씨. 나라면 바깥의 행인이 쳐다보는 게 민망해서 커튼을 칠 텐데, 아저씨는 너그러이 눈인사를 하더니 아무렇지 않게 다시 피자를 먹는다. 옆집에는 두 여자가 요가 매트를 펴고 있고, 또 그 옆집은 아무도 없는 거실에 고양이만 창가에 인형처럼 가만히 밖을 바라보고 있다. 고양이의 또렷한 눈빛에 느닷없이 나 혼자 시작한 눈싸움. 1초, 2초, 3초, 4초, 5초……
갑자기 좀 무섭다. 에이, 이번에는 내가 봐 준다!

골목을 나오자 햇살을 받아 하얗게 빛나는 꽃나무가 줄지어 있는 큰길이 펼쳐진다. 가까이서 보니 분홍빛 겹벚꽃이다. 달콤한 맛이 날 것 같은 통통한 꽃송이들이 나뭇가지에 열매처럼 주렁주렁 달려 있다. 겹벚꽃은 처음 봐서 신기하다. 사진을 찍고 꽃을 만지고 관찰하느라 한 나무 아래서만 10분을 넘게 있었다. 다시 발길을 옮긴다. 도로에 일정 간격으로 심어진 꽃나무처럼 듬성듬성 있는 정원 딸린 이층집들이 죽 보인다. 깔끔하게 정돈된 잔디와 화단에 가지런히 자라난 다채로운 꽃들. 네덜란드 사람들은 정원을 참 정성스럽고 말쑥하게 가꾼다. 아주 반듯하게 혹은 예술 작품처럼 멋들어지게 조경을 하기보다는 식물 본연의 수수한 아름다움을 있는 그대로 깨끗하게 돌보는 느낌이다.

 튤립으로 유명한 나라답게 정원마다 튤립은 꼭 보인다. 새빨간 튤립은 얼핏 잘 익은 자두 같고, 윤기가 나는 보라색 튤립은 엄청 큰 포도 맛 사탕 같다.(나는 왜 비유를 하려 하면 늘 먹는 것이 떠오를까?) 어느 집 작은 화단에 핀 색색의 튤립이 귀여워서 사진을 찍으려는데 마침 그 집에 사는 아주머니가 밖으로 나온다. Halo! 인사를 주고받고 잠깐의 대화가 이어진다.

"튤립이 정말 예쁘네요!"

"예쁘죠? 튤립 좋아해요?"

"네. 꽃이면 다 좋아요."

"큐켄호프(Keukenhof)에서 열리는 꽃 축제 알아요?"

"큐켄호프! 토요일에 가려고요. 기대하고 있어요."

"그때쯤이면 꽃들이 다 피어있겠네요. 거기서 화분이나 씨앗도 살 수 있어요."

"좋네요. 빨리 가보고 싶어요!"

"재미있을 거예요."

 큐켄호프에 대해 말하는 아주머니의 표정이 막 피어난 꽃처럼 해사하다. 네덜란드 최대 규모의 봄꽃 축제라기에 나는 일찌감치 큐켄호프의 입장 티켓을 예매해두었다. 가보지 않으면 두고두고 후회할 게 분명하다. 얼른 구경 가는 날이 되기만을 고대하고 있는데 아주머니의 말을 들으니 더 설렌다.

 기분 좋은 대화를 뒤로 하고 근처의 호숫가로 가 본다.

노란 꽃들이 쨍하게 봄이라 소리치는 것 같다. 어느 집 울타리에 꽃다발처럼 자라난 푸진 개나리와 수풀땅에 수놓아진 별 모양의 수선화. 이렇게 동네에서 보는 꽃들로도 마음에 봄이 차오르는데, 큐켄호프에 가면 넘쳐흐를 봄의 기쁨을 어떻게 감당한담?

다리를 뻗고 잔디에 비스듬히 기대어 호수를 바라본다. 높이 솟은 나무의 초록빛과 투명하게 푸르른 하늘빛이 고스란히 내려앉은 잔잔한 물낯. 봄볕을 쬐면서 100% 오렌지 주스를 마시는 이 순간, 나는 저 호수와 같아진다. 햇살의 따스함, 오렌지의 상큼함, 파릇한 풀 향기와 소르르 부는 여린 봄바람 그리고 완벽한 여백이 내 안에 물결처럼 퍼진다. 가만가만히 내게로 모여드는 봄. 나는 가만히 있어도 다 가진 풍경이 된다.

호수의 한 모퉁이로 연결되는 나무 데크 위에서 노는 아이들의 생기발랄한 목소리가 새소리처럼 들린다. 유유히 떠다니던 백조 한 쌍이 내 쪽으로 다가온다. 어느 정도의 거리를 두고 우리는 서로를 멀뚱멀뚱 쳐다본다. 혹시 먹이를 기다리니? 그런데 나는 줄 게 없어. 두 백조는 나를 물끄러미 쳐다보다가 이내 되돌아간다. 백조는 우아하고 순해 보이지만 사납고 위협적일 수도 있는 동물이라고 알고 있다. 그래서 나는 더 앞으로 다가가거나 사진을 찍지 않았다. 조깅을 하거나 강아지와 산책을 하는 이들도 호수 주변을 돌면서 두 백조에게는 큰 관심을 주지 않는다. 가까이 가려 한다든지 과자 등 음식을 던져준다든지 하는 식의 어떠한 행위도 하지 않는다. 먼발치에서 백조를 바라볼 뿐, 백조의 생활에 감히 끼어들 생각은 다들 없어 보인다.

 네덜란드는 2002년 세계 최초로 국회에 동물을 위한 정당이 생긴 나라인 만큼 반려동물 및 야생동물의 보호와 권리 존중에 적극적이다. 떠도는 유기견이나 길고양이가 거의 없는 이유다. 브레다 시내에 있는 팔켄브뤼흐 시립공원(Stadsspark Valkenberg)에는 오리와 거위들이 물 밖으로 나와 자유롭게 돌아다니고, 닭들도 마음껏 공원을 활보하며 살고 있다. 울창한 자연 속에서 사람과 동물이 하나로 어우러지는 광경을 목격한다. 서로에게 적당히 무관심하면서도, 늘 신경은 쓰는 관계랄까. 자연이 숨 쉬는 공간에 머물 때마다 생각해보게 된다. 사람과 동물이 각자의 영역에서 존중받으며 각자의 방식대로 살아가는 아름다움에 대하여.

 산책을 한 지 두 시간이 훌쩍 넘었다. 호수를 둘러싼 산책로를 따라 걷다가 집에서 한참 멀어진 느낌이 들어 휴대폰 지도를 켜 본다. 시내에 가까운 윗동네까지 와 버렸다. 여기서도 새로운 산책의 길을 발견하고 싶지만 이만 왔던 길을 그대로 돌아가기로 한다. 집에 들렀다가 읍보에서 저녁 식사 장을 보려면 또 부지런히 걸어야지. 중간에 운하가 나오는 지점부터는 내가 매일 다니는 빈센트 반 고흐길(Vincent van Goghstraat)로 들어설 것이다. 동네를 산책하는 동안 나를 채우던 4월의 다정은 좋아하는 화가의 이름이 붙은 그 길에서 더욱 충만해질 것이다.

봄이 사뿐사뿐

- 봄날에 찾아온 생각들

1

 지난여름 출간한 산문집 『여름이 찰랑찰랑』에 쓴 '지금의 나를 이루는 삶의 소소한 기적'이라는 문장에 대하여 다시 생각해본다. 누구에게나 주어지는 시간. 힘을 많이 들이지 않고도 내가 누릴 수 있는 하루하루. 그리고 삶을 가능하게 하는 생명과 사랑과 꿈을 떠올리면서 나는 왜 '소소한 기적'이라고 적었을까. 실은 결코 소소하지 않고 내가 귀중히 여기는 것들인데 과소평가하여 표현한 듯해 뒤늦게 부끄러움이 든다.

2

 보통 사람들은 일상에서 별것 아닌 일로부터 느끼는 행복을 '소소한 행복'이라고 한다. 나 역시 그동안 종종 그렇게 말해왔다. 그런데 일반적으로 '행복' 앞에 붙는 '소소하다'라는 단어는 '작고 대수롭지 않다'는 의미를 갖는다. 작고 대수롭지 않은 행복. 작은 (것으로부터의) 행복. 대수롭지 않은 (일로부터의) 행복... 어쩐지 행복을 겸손하게 만드는 것 같다.(행복이 아니라 행복의 근원을 소소하다고 여기는 것일지라도!)

 행복하면 그냥 행복한 것이다. 정도를 나타내는 말이 앞에 붙는 순간 그 행복에는 비교의 여지가 생긴다. 행복은 다른 행복의 간섭 없이 오직 그 자체여야 한다고 나는 생각한다. 완전한 행복은 낱낱으로 보호되는 행복이다. 먹고 싶은 빵을 먹는 만족감과 응원하는 스포츠 팀이 우승하는 희열은 각각 충만한 행복이다. 우리는 스스로 느끼는 행복감의 정도가 저마다 다르다는 것을 느낄 수 있지만, 굳이 얼마만큼의 행복인지를 나타내는 말로 이미 온전한 행복을 수식할 필요는 없다.

3

 예전에 '행복의 역치'에 관한 영상을 본 적이 있다. 역치는 어떤 현상이나 반응을 일으키는 자극의 최소치를 뜻하므로 행복의 역치는 '행복을 느끼는 최소한의 정도'라고 했다. 행복의 역치가 낮을수록 행복을 자주 느낀다고 한다. 일리 있다. 웃음 장벽이 낮은 사람이 더 많이 웃게 되듯 행복도 마찬가지 아니겠는가. 이 영상의 댓글에는 행복의 역치를 낮춰야겠다, 사소한 것에도 행복을 느껴야겠다는 다짐들이 줄줄이 달려 있었다. 그런데 과연 행복의 규모나 정도에 주목하는 게 행복감을 더 많이 느낄 수 있는 좋은 방법일까?

 나는 일상에서 행복을 발견하고, 그 행복의 수준을 따지지 않고 감사히 여기는 사람이 행복을 자주 느낄 수 있다고 생각한다. 자신이 얼마나 작고 큰 것에, 얼마나 대수롭고 대수롭지 않은 일에 행복한지 판단하기보다 행복감을 느낄 수 있는 일을 오롯이 즐기고 귀하게 여길 줄 아는 사람이 자주 그리고 오래 행복할 것이다.

4

 매일 저녁 반려동물과 하는 산책이 행복이라고 하는 사람에게 누군가가 이렇게 말한다.
"소소한 행복이군요?"
 물론 나쁜 의도로 한 말은 아니겠지만(그래서 실제로는 나도 그냥 넘길 말이지만) 다르게 말하면 더 좋지 않을까 싶다. 소소하다는 표현이 문제가 아니다. 타인의 행복을 내 기준으로 판단하여 말하는 것이 신중하지 못한 언행일 수 있음을 생각하는 것이다. 행복을 느끼는 주체에게 그 일이 소소할지 아닐지 어떻게 확신하는가. 나에게는 가벼운 일이 다른 이에게는 중대한 일일 수 있다. 나에게는 지루한 시간이 누군가에게는 놓치고 싶지 않은 특별한 순간일 수 있다.
 행복처럼 개인이 경험하고 소유하는 대부분의 가치는 상대적이므로 타인의 것을 내 입장에서만 보면 무례를 범하기 쉽다. 그래서 나는 타인의 무엇을 말할 때, 내 판단이 들어가는 표현은 함부로 쓰지 않으려 한다. '소소한 행복'은 예시일 뿐, 우리가 일상에서 알아채지 못하는 타인을 향한 은연중의 무례에 대해서 한 번쯤 짚어 볼 필요가 있다.

 타인을 향한 은연중의 무례는 '습관적으로 평가하고 비교하는 사고방식'에서 나온다고 나는 생각한다(이는 타인이 아닌 자기 자신을 향하여 행복을 잠식하기도 한다). 우리나라처럼 집단주의적 성격이 강한 사회에서 나고 자란 사람들은 평가와 비교에 익숙하다. 평가를 '받고' 비교를 '당하는' 경험이 축적되면서 자신도 모르게 평가와 비교를 '하는' 사람이 된 것이리라.
 인생에 정답이 있고, '잘 산다'를 대표하는 그림이 있고, 행복의 절대적 기준이 있다고 여기는 이들은 자연스럽게(진정 자신이 바라는 게 무엇인지 인지하지 못한 채) 자신의 삶과 타인의 삶을 숨 쉬듯 평하고 견주어 본다. 게임의 미션을 통과하듯 인생의 모든 일을 정해진 때에 착착 이뤄야 백 점짜리 인생이라는 믿음과 남보다 내가 낫다는 안도감을 갖는 게 무엇보다 중요한 것처럼 보인다.
 주위에 그런 사람이 여럿 있다. 그들이 타인을 자신의 관점으로만 이야기할 때면 나는 속으로 경악한다. 어떻게 아무렇지 않게 남을 평가하는 거지? 자신이 세워 놓은 틀에 맞지 않는 것을 죄다 신기하게 생각할 건 뭐람? 이토록 남의 일을 대수롭지 않게 치부하고 부정적으로 보다니, 이 사람은 평소에 본인의 삶을 어떻게 느끼고 있을까? 좁은 시야에 갇혀 제 멋대로 판단하는 저 편협함이란! 남을 자기 방식으로 단정하는 태도와 말은 오히려 자신의 품격을 떨어뜨릴 뿐이다. 이런 생각의 끝에서, 나는 그러지 않았는지 되돌아보기도 한다.

 말에 몰래 숨어드는 무례가 있다. 깎아내릴 의도가 전혀 없다 해도, 아무도 모르게 말에 깔리는 무지한 양심이 있다.

5

 벚꽃이 진다고 벌써 봄이 끝나간다는 말. 봄꽃들이 하나둘 사라진다고 진짜 봄이 다 가버렸다는 말. 오후 햇살이 따사로워서, 초록이 어제보다 싱그러워서 이제부터 여름이라는 말……

 섭섭하다. 다시 돌아온 봄, 떠나지 않은 봄, 숨어 있는 봄, 아직 만나지 못한 봄, 늦게 오는 봄. 그런 봄들이 있는데 사람의 마음은 혼자 저만치 앞서간다. 오늘은 봄이고 내일부터는 여름이라 한다면 아쉬운 건 누구일까. 사람일까 봄일까.

 어쩌면 사람이 봄의 끝을 바라보는 게 아니라 마음 바쁜 사람의 등 뒤에 봄이 서 있는지도 모른다. 봄이 다 지나가서 아쉽다는 말은 마음에 뒤처진 시간을 따라오는 봄의 열심을 알아보지 못한 탓. 봄은 언제나 봄이라 믿는 사람에게 충실하다. 마음이 봄을 향하면 거짓과 꾸밈없이 정성을 다하는 봄을 만나게 된다. 봄은 기다리는 마음을 알아본다. 봄을 바라보는 사람 곁에 사뿐사뿐 맴돈다. 그러니 지금 여기에 마음이 없는 사람에게는 보이지 않는다.

 지나간 것은 사람의 마음이고, 남은 아쉬움은 봄의 얼굴이다.

눈길을 주는 것

생각해 보는 것

걸음을 멈추는 것

있는 그대로 바라보는 것

시간을 기꺼이 내어 주는 것

발길 닿은 길가에

자그마한 꽃 하나 두울

미소 짓는 마음처럼

그 마음으로 찍는 사진처럼

순간을 사랑하는 일

영원을 꿈꾸는 일

- 박지윤, <오늘 할 일>(2021)

작가의 말

 책을 끝마치기에 앞서 국어사전을 한번 찾아봅니다. '봄'에는 세 가지의 뜻이 있다고 합니다. 첫 번째는 한 해의 네 철 가운데 첫째 철로 3월에서 5월에 이르는 여름과 겨울 사이, 두 번째는 인생의 한창때, 세 번째는 희망찬 앞날이나 행운입니다. 겨우 한 글자에 너무나 눈부신 삶이 들어있었네요. 어쩐지 봄, 하고 발음하면 구태여 긴 글을 쓰지 않아도 찬란한 이야기가 펼쳐지는 기분이 들어서, 때로는 책을 쓰기가 겸연쩍게 느껴지기도 했습니다.

그러나 '나의 봄'을 이야기하고 책으로 엮는 일은 지난하고도 값진 시간 속에 숨은 새로운 봄이었습니다. 봄날의 걸음을 따라 써 내려간 이 책을 따뜻한 날에 펴내게 되어 기쁩니다.

 이 책에 실린 글들은 대체로 저의 평범한 일상과 머릿속을 부유하는 상상에서 비롯되었습니다. 봄이라는 계절, 인생의 청춘, 봄날의 꿈과 발견을 그려내고 있지요.「봄다운 봄」은 3월부터 5월까지 새싹이 돋고 꽃이 피었다 지는 장면과 따뜻한 봄기운의 기록을,「꿈결은 꽃잎 색」은 부모님과 나의 젊음 그리고 애틋한 봄의 기억과 공상을,「동그란 봄을 찾아서」는 어느 보통의 봄날에 찾아낸 희망의 풍경과 마음을 이야기합니다.
 공교롭게도 봄의 사전적 의미 세 가지가 모두 담겼네요. 지금까지의 여러 봄을 돌아보면 떠오르는 특별한 장면들이 많지만, 이번에 글로 쓰인 소박한 날들이 품은 봄빛도 아주 특별하고 소중하다는 생각을 다시금 해 봅니다.

 글을 쓰는 내내 제가 좋아하는 것들이 봄과 많이 닮아

있다는 생각이 들었습니다. 시작할 용기, 모르는 것을 알아가는 과정, 그 설렘, 낙관적인 태도, 무한한 가능성, 은근한 열정과 점진적인 성장. 무언가 움트고 자라나서 세상에 하나뿐인 존재가 되는 흐름은 제가 정말 중요하게 여기는 삶의 의미입니다.

 자신의 자리에서 묵묵히 꿈을 지키는 사람은 반드시 자기만의 봄을 맞이한다는 믿음을 봄날의 자연을 보며 깨닫습니다. 살다 보면 간혹 계절을 착각하고 엉뚱한 시기에 꽃을 피운 나무처럼 때를 맞추지 못하거나 방향을 잃어버려 어리둥절하기도 하겠지만, 봄이 다시 무르익으면 마음 놓고 꽃을 피우기 좋은 날이 분명 올 겁니다.

 봄은 야단스럽지 않게 다가와 어느새 곁에 머뭅니다. 봄을 '인생의 한창때'나 '희망' 혹은 '행운'으로 바꿔 읽어도 좋습니다. 삶을 이루는 하루하루의 기쁨도 봄처럼 찾아옵니다. 이 글을 읽는 당신에게 사뿐사뿐 다가올 봄을 기대하며, 산문집의 제목을 『봄이 사뿐사뿐』으로 지어 보냅니다.

언제나 든든한 부모님의 사랑과 격려, 읽는 당신의 관심과 이해 그리고 모든 봄날에 감사를 전합니다.

2025년 4월

박지윤

부록

봄이 사뿐사뿐
© 박지윤 2025

초판 1쇄 발행일 2025년 4월 24일

지은이　　　박지윤

펴낸곳　　　북보니
펴낸이　　　박지윤
출판등록　　2021년 2월 5일 제2021-000005호
전자우편　　frombookboni@gmail.com
홈페이지　　www.bookboni.com
인스타그램　@frombookboni (작가)
　　　　　　　@bookboni (출판사)

기획·편집　　북보니
디자인　　　박지윤
사진　　　　진민, 박지윤
그림　　　　박지윤
ISBN　　　979-11-982490-8-1 03810

✽ 이 책의 판권은 지은이와 북보니에 있습니다.
✽ 이 책의 모든 내용 및 사진, 일러스트는 저작권법에 의해 보호 받습니다.
✽ 이 책 내용의 전부 또는 일부를 재사용하려면 반드시 양측의 서면 동의를 받아야 합니다.

「봄의 해변」 박지훈, 2021